틈새에
둥지 튼
새

고려대학교 평생교육원 시창작과정
2017년 2학기 엔솔로지

틈새에 둥지 튼 새

한지영 외

문학공원

이 세상에 가장 아름다운 것은 도전

김 순 진 지도강사

희망의 2018년 무술년 새해가 시작된 지 벌써 두 달이 지나갑니다. 어정어정하는 사이에 벌써 두 달이 지나갔습니다. 아무런 계획조차 세우지 못하고 있는 사이에 세월은 우리를 포로처럼 수갑을 채워 끌고 가고 있습니다. 우리는 망각이나 무심함 앞에서 도망쳐야 합니다.

올해엔 악기 좀 배워봐야지, 올해는 시집 한 권 내봐야지, 올해는 외국여행 좀 가야지, 올해는 운동 좀 열심히 해봐야지, 올해는 다이어트 좀 해봐야지, 올해는 술 담배 좀 끊어야지. 뭐 그런 계획을 세울 새도 없이 벌써 2018년의 6/1이란 시간이 지나갔네요.

계획을 세우세요. 최소한 1년에 두세 가지 계획이라도 세우세요. 이 나이에 그걸 어떻게 하느냐는 사람이 있습니다. 이 나이에 그걸 해서 무얼 하느냐는 사람도 있습니다. 여자인데 그걸 할 수가 있느냐는 사람도 있고, 돈이 드는데 할 수 있을까 망설이는 사람도 있습니다.

여행을 가는 데는 돈만 필요치 않습니다. 시간만 필요치도 않습니다. 건강만 필요치도 않습니다. 여행을 가려면 기차표나 비행기표가 있어야 합니다. 아니면 직접 운전대를 잡고 찰을 몰아 떠나야 합니다. 그런데 우리는 떠나지 못합니다. 주변에 나를 붙들고 있는 여러 가지 제약 때문입니다. 여행은 돈이 든다거나 여행은 시간이 든다는 생각 때문에 우리는 선뜻 여행을 떠나지 못합니다. 그런데 여행이라는 것은 무조건 준비하고 떠나면 여행이 됩니다.

우리는 준비 없이 이 땅에 왔습니다. 지금 우리는 자기의 나이만큼 여행을 하고 있습니다. 대단한 계획이 있어야 여행을 하는 것이 아니듯 공부도 내가 그곳을 향해 걸어가면 됩니다. 시도 쓰고 싶으면 쓰면 됩니다. 책을 내는데 돈이 필요한 줄 알지만 책을 내는데 가장 필요한 것은 작품입니다. 작품이 준비되면 책은 만들어집니다. 우선 작품을 쓰시고 돈은 나중에 걱정하세요.

이 시창작과정을 수료하고 나가신 분들이, 도로 아줌마 되고, 도로 할아버지 되고, 도로 술타령이고, 도로 시인이 아닌 일반인이 되는 경우를 저는 너무나 많이 봅니다. 저와 함께 공부할 때는 뭔가 될 것도 같고 그래서 등단을 했는데, 그 꿈은 어디로 갔는지 모릅니다. 이기는 사람은 끝까지 하는 사람입니다. 잠시 인기를 얻었거나, 선거에 나가 승리했거나, 큰돈을 번 사람들이 겉으로는 승리한 듯 보이지만 결국 죽을 때까지 할 수 있는 것이 있어야 합니다. 글을 쓰는 사람은 언제 어디서든 할 수 있고, 책은 죽어도 국립중앙도서관과 국회도서관, 그리고 여러분들의 문중 족보나 자손들의 서재에 꽂히기 됩니다.

우리에게는 시간이 너무나 많습니다. 열심히 쓰시면 여러분도 최고가 되실 수 있고 행복해지실 수 있습니다. 도전하세요. 이 세상에 가장 아름다운 것은 도전입니다. 지난 한 학기동안 공부하시느라 수고 많으셨습니다. 이 아름다운 엔솔로지의 출판을 진심으로 축하드립니다.

2018년 2월 28일

CONTENTS

초대시

1부. 꽃말의 속삭임

2부. 겨울과 봄 사이

3부. 향기의 전설

4부. 시인의 정원

초대시

김순진

– 겨드랑이 성경 외 2편

겨드랑이 성경 외 2편

김 순 진

나는 내 겨드랑이를 믿는다
언젠가는 날개가 돋아날 내 겨드랑이를 믿는다
병아리가 그랬던 것처럼 꺼병이가 그랬던 것처럼
겨드랑이에 날개가 돋아나려면 빈 팔을 마구 저어야 한다
자꾸만 빈 팔을 저어 허공에 동그라미를 그리다 보면
언젠가 내 겨드랑이에는 날개가 돋아나겠지
그날이 내일일 수도 있고 10년 있다 돋아날 수도 있다
어쩌면 내가 죽어서야 관을 박차고 날아오를 수도 있을 거야
그래도 나는 내 겨드랑이를 믿는다
그래서 오늘도 할머니의 짐을 들어드리고
외국인을 만나면 짧은 영어로 길을 가르쳐준다
마치 여행 왔다가 돈이 떨어진 양 일본말을 써놓고 구걸하는 청년이
수작임을 뻔히 알면서도 만 원짜리 한 장을 건네며 밥을 사먹으라 한다
병아리가 물 한 모금 먹고 하늘을 쳐다보는 이유는 날고 싶어서일 거야
나도 하늘을 날고 싶어 자주 하늘을 본다
땀이 날 때면 혹시 날개가 돋는 건 아닌가
겨드랑이를 들여다보면 곧 돋아날 것만 같은 날개의 기미가 보인다

나는 내 겨드랑이를 성경말씀처럼 믿는다
그래서 겨드랑이에 돋아날 그 아름다운 날개를 믿으며
겨드랑이 밑에 감춰진 천사의 날개를 위해 팔의 수고를 아끼지 않는다
오늘도 나는 마음을 나누고 물질을 나누며 사람의 향기를 나누어
마침내 천사를 꿈꾼다,
뭐, 시인은 이미 천사와 동급일 테지만

왜곡

김 순 진

부잣집 아이가 학교에 시계를 잃어버렸다고
교무실로 가서 선생님께 일러바쳤다
교실에 들어온 선생님은 우리들을 윽박질렀다
모두 들 책상 위로 올라가 눈 감고 손들어
누군지 다 알고 있다
정말 안 나올 거지
선생님이 잡아내면 그땐 죽는다
솔직하게 말하면 용서해주겠다

나는 선생님 왜 저러시는지 무섭기만 하다
나는 오금이 저려서 그만 살짝 손을 들었다
아이들은 모두들 책상에서 내려와 집으로 가고
나는 교무실에 끌려가 봉걸레자루로 엉덩이 열 대를 맞았다

너 그 시계 어디다 놨어
무 무슨 시계요
너 아까 네가 훔쳐갔다고 손들었잖아
저 어제 하굣길에 남의 밭에서 무 한 개 뽑아먹었는데
선생님께서 용서해주신다며 나오라 해서 손들은 건데요

편들기

김 순 진

키 큰 사람과 키 작은 사람이 싸우면 누구 편을 들 것인가
키 큰 사람은 정직했고 키 작은 사람은 외도했다
의붓아버지와 딸이 싸우면 누구 편을 들 것인가
의붓아버지는 정직했고 빗나간 딸은 의붓아버지가 싫어 모함했다
강도와 집주인이 싸우면 누구 편을 들 것인가
강도는 어설프고 주인은 칼을 들었다
경찰관과 도로교통법을 어긴 사람 누구 편을 들 것인가
경찰관은 가짜였고 도로교통법을 어겼지만 그는 선한 사람이었다
남자와 여자가 싸우면 누구의 편을 들 것인가
남자는 바람난 여자와 싸우는 중이다

자의적으로 판단하지 말자
약자의 편을 들어야 한다고 말하지 마라
정의는 선의와 다르다
풀꽃의 편을 들어 꽃밭을 망칠 것인가
토끼의 편을 들어 콩밭을 망칠 것인가

태양의 편을 들어 만년설을 녹일 것인가
구름의 편을 들어 밝음을 가릴 것인가

1부. 꽃말의 속삭임

지붕 외 2편

서 동 석

그는 우아하고 인자한 성품을 지녔다
하늘 아래 가장 넓은 어깨와 가슴을 가졌다
태풍이 몰아칠 때는 비바람을 막아준다
화창한 날엔 따스한 햇볕도 먼저 받아들인다
아침 해는 산을 타고 넘어와 그와 함께 온종일 놀다간다
그는 모든 고난과 시련을 묵묵히 받아들이며 완충역할을 한다
옳고 그름을 정확히 판단해 기록하는 습관을 가진 그는 명석한 두뇌를 가졌다
사람들은 그의 헌신적인 봉사정신을 잘 모른다
권력을 가진 사람도 그의 발 아래서는
언제나 머리를 조아리는 미약한 존재에 불과하다
그가 두 팔을 벌려 세상을 향해 포효할 때는 산천초목도 벌벌 떤다
그가 매우 화가 날 때는
강한 권력의 통치자도 그 앞에 무릎을 꿇어야 한다
모든 역사는 그가 지켜보는 가운데 이루어졌다
그는 발아래 세상에서 벌어지는 모든 소리를 듣는다
권력자들의 헤게모니를 듣고 삐뚤어진 정치형태를 기록하고 보관한다
그는 오늘도 부조리를 기억하고 역사를 기록한다

온종일 그의 어깨에서 놀던 해는
붉은 노을을 뿌려대며 서산의 제 집으로 든다

봄의 독서

서 동 석

온몸이 나른하다
봄이 내 몸으로 달려들고 있다
곱게 핀 꽃들이 밖으로 내 마음을 불러낸다
나는 못 들은 척 서재에 앉아 책을 읽는다
한 장 한 장 밭에 이랑을 갈듯
책속의 채마밭을 간다
마치 은빛 파도를 타듯
내 눈이 글속의 이랑을 넘나든다
즐거움이 내려와 봄의 뜨락을 적셔준다
마음엔 글의 향기가 가득한데
나는 눈이 침침하여 꽃에게 매달린다

대지의 슬픔

서 동 석

당신은 왜 슬피 울며 통곡하시나요
회색 중금속을 쏟아내는 빗물에,
푸르던 산등선이 잘려나가는 아픔에,
한반도 허리를 옥죄는 38선 철책선의 짓누름에,
호흡마저 가쁘신가요
고귀한 당신의 상처가 깊이 패여
회복할 수 없는 지경에 이르렀습니다
당신의 품안에서 나온 인간도
당신의 넉넉함과 자애로움을 잃어버린 지 오래입니다
숲속을 스치는 바람소리에 귀 기울이니
찢겨진 산하의 신음소리가, 온천지에
대지의 여신 가이아여
당신은 인간의 탐욕과 이기심을
언제까지 지켜보며 슬퍼할 것인가요

꽃말의 속삭임 외 2편

김 태 호

눈 빠지게 너를 기다릴 거야
어스름 끝자락 달맞이 언덕에서
외로운 가로등 그림자가
달빛의 눈금같이 각도를 틀 때마다
네 마음도 내 곁으로 기울거야
간절함이 없다면 황새냉이는 목내밀어
꽃망울 터뜨리지 않을 거야

기다림이 없다면 밤하늘의 별빛은
반딧불이 숲에서 꿈꾸지 않을 거야
가물가물 별꽃은 깜박이지 않을 거야
애태우지 않는다면 들바람 스치는
바람꽃도 바삭바삭 부서지지 않을 거야
귀 기우릴 수 없다면 밤새 지새운
귀뚜라미 흐느낌으로 날 새울 거야

달무리 조리개

- 암내 난 고양이

김 태 호

잊을만하면 몰래 다가와서는 발밑에서 알짱거린다
모른 체 눈길마다 비켰더니
대낮에 그것도 여럿이 남사스런 앞에서
거리낌 없이 새끼 젖 물리던 여덟 꼭지 곧추세워
네다리 발랑 들고 등을 비빈다
막대 그림자 스스로 낮아 질 때 눈동자의 초면은
일시적인 일직선 여섯시 방향 정오의 일침
스모그 뒤덮인 모스크 돔 위를 냉큼 내려와
팔 벌려 앞길 앞서 흘리는 추파어린 눈빛은
등 돌린 애인과는 사뭇 다르다

점박이 줄 박이 비슷한 말은 그럴싸한 흉내인데
페르시안 들녘을 맨발로 한달음 뛰어 고비언덕 너머
냅다 내 달리는 날렵한 몸매는
영락없이 복제본 치타와 닮았다
한밤중 장미 울타리 헤집고 포도밭 이슬 핥으며
보름달 쌍심지 돋워 별빛 애무하는 작은 입술이
새록새록 그리움 불러내는지 알 수는 없지만
넝쿨장미 휘감아 자지러지는 저 고막의 떨림이
암수 꽃술에 얽힌 무더기 꽃 비린내 묻혀
적벽돌 벽 타고 기어이 오르는 붉은 손톱이
굳게 닫힌 앙가슴 훔친다

팽이치기

김 태 호

두들겨 패라 나는 맞아야 산다
가만 놔두면 머릿속이 어지럽다
온몸이 근지러워 가시가 돋는다
힘껏 패대기쳐라 맞아야 선다
벌떡 일어나서 허공을 잡는다
피하지 않을 테니 멋대로 처라
트럼프의 히든카드 내던질 때 히죽 웃는다

룰렛피스톨의 헛방은 비겁한 요행이다
유리알 같이 매끄러운 얼음판이 제자리다
발바닥이 금가면 살얼음이 간지럽다
중심을 잡자 나는 곧추서서 송곳날이 되었다
뿌리가 곤두선다 등골이 오싹하다
탁배기 한 동이 벌컥벌컥 들이 키고 비틀거리면
가책 없이 사정없이 두들겨 패라

그래도 곧바로 설 것이다
백발의 머리칼로 만갈래 거미줄로 비비꼬인 노끈으로
숫돌에 날 세워 쇠좆 같이 질긴 채찍으로
엉덩이 골 패듯 개패 듯 장작 패듯 패기만 해라
살갗에 묻어나는 먼지 같은 시름은 털어 버려라
무턱대고 때려봐라 흔들리나 보아라
얼음장은 쩡쩡 울어라

꽃과 알곡 외 2편

김 재 농

우리 집 텃밭에도 가을이 왔다
고춧대도 뽑고 가짓대도 뽑았다
그들은 밭 어귀에 어지럽게 쌓였다
서리 맞은 배추를 뽑았다
처마 밑에 가지런히 놓였다
이제 시래기 무만 뽑으면 된다
무성한 시래기 무가 뽑혔다
무총은 처마 밑에 가지런히 쌓이고
무 뿌리는 밭이랑에 아무렇게나 나뒹군다
휴-, 이제 모두 끝나고 밭은 휑하다
알곡은 비 맞을세라 처마 밑에 쌓이고
죽저기는 아수라장이 된 밭에 처절하게 버려진다
손을 털고 돌아서는데
하얀 개망초꽃이 가만히 웃는다
눈이 마주친다
마음이 움직인다
꽃이라야 아름답지도 우아하지도 않지만
늦가을인데도 이렇게 싱그럽구나
대견스러워 가슴에 안으니 마음이 흐뭇하다

개망초꽃는 분명 알곡이 아닌데
어찌 처마 밑도 아닌 내 가슴에 안겼을까

나이테의 탄생 설화

김 재 농

태고에 나무가 있었다
그는 태어나서 언제 성목이 되고 언제 죽는지 알 수가 없어 답답했다
그래서 그가 생각해 낸 것이
목질부를 통과하는 물의 양을 측정하여 계절을 파악하고 나이를 셈해보았다
맞는 것 같은데 확실치가 않았다
그래서 그가 더 나은 방법이 없을까 하고 궁리한 것이
새잎이 나고 낙엽이 지는 셈을 해보았다
그의 궁리는 아주 정확했다
그는 손뼉을 치며 좋아했다
그러나 건망증이 심하여 숫자를 오래 기억할 수가 없었다
그래서 그는 또 생각을 거듭한 끝에
어딘가에 표시를 해야겠다는 생각을 하기에 이르렀다
좋은 방법이 없을까 하고 팔짱 끼고 무심코 하늘을 보았다
동그란 하늘이 머리 위에 있었다
그리고 계절이 흐르고 해가 바뀔 때마다 하늘이 커졌다
그는 무릎을 쳤다
하늘의 크기와 모양을 몸에 새기기로 마음먹었다
해가 거듭할수록 키가 커지면서 하늘도 커졌다
커질 때 마다 몸에 새겼다

건망증이 심해도 동그라미만 세어보면 금방 나이를 알 수 있었다
나이뿐 아니라 계절의 변화까지도 한 눈에 들어왔다

마침내 그는 제 몸에 나이테를 새겨 넣고 쾌재를 불렀다

제우스의 공갈

김 재 농

어느 펜션의 아침
현관문을 열고나오니 가슴이 시원하다
바위와 나무들이 신기하게도 제 자리에 정연하다

솔잎 끝에 빗방울이 아롱아롱 맺혀있다
그 영롱한 물방울을 보고 있노라니
땅과 하늘이 거꾸로다
나무가 물구나무를 서더니 바위가 하늘에 매달린다
강물이 하늘에 흐르고 새들이 배를 뒤집어 날아간다
야릇한 광경에 침이 꼴깍 넘어가는 순간
갑자기 세상이 출렁거리더니
바다가 엎어지고 산이 파도를 탄다 그리고
하늘과 땅이 산산조각이 난다
물방울이 떨어져 바위에서 부서진다

간밤에 먹구름이 하늘을 덮었었지
벼락의 섬광이 하늘에서 칼춤을 추었지
천둥은 또 얼마나 발버둥 쳤는지 땅이 뒤집혀 지는 줄 알았지
세상이 뒤죽박죽이 되지 않고는 견딜 수가 없었을 게다

그러나 제우스의 오른팔은 위력을 잃었다
기껏 물방울 몇 개 만들어 나를 우롱하는구나

글을 쓰다가 외 2편

한 지 영

몽글몽글 피어오르는 너를 만날 때
나는 신기루 같은 설렘이다

찰나에 가슴으로 들어온 너를 쫓아 길을 더듬을 때
눈은 전등알이 되고 입맛은 홍시처럼 달달해서
앞뒤 볼 겨를 없이 나는 침잠한다

그럼에도 불구하고
손님이 들어서며 말을 걸 때
네가 사라지는 속도는 빛과 같아서
길은 금방 추수를 끝낸 하얀 벌판이 된다

포기할 수 없는 네가
꼭꼭 숨어 버린 뒤 나는
너의 흔적 쫓으며 애면글면 미열을 앓는다

허전한 공기가 온통 검게 내려앉고
너의 속성을 알고 속절없음을 알 때야
나는
긴 안타까움에 늦은 포기를 한다

글을 쓰다가 너를 잃을 때

쥐의 방문

한 지 영

내 몸에는 쥐의 대가족이 모여 산다
다양한 기술을 가진 그들이 언제 이사를 왔는지
더구나 그 속내는 더 모른다
예고 없이 몸을 괴롭히며 기어 다니는 것밖에
오늘 작은놈의 등장에
우습게 봤음을 조롱이라도 하듯
발가락 하나를 물고 놔 주지를 않는다
화의 측도가 얼마만큼인지
움켜쥔 아귀의 센 힘을 가늠할 수가 없다
달래고 얼레도 풀어질 기색이 없다
원래 적당이란 없음인지 영악한 고집을 피운다
밤의 깊이로 빠져드는 시간의 걸음 앞에 몸이 운다
호시탐탐 기회를 노리는 그들 가족은
나날이 발전해 가고 있다
그런데 떠날 때는
완전히 안면박대하며 태연한 척
몸을 원위치시키며 긴장까지 풀어준다
떠나줄 때 가끔은 고마움을 느끼며 피식 웃을 때 가 있다

의사와 합세하여
그들 가족의 속내를 오늘도 계속 탐색 중이다

이불

한 지 영

어른은 옳았고 나는 틀렸다
서로의 길은 달랐고 어긋났다
어른은 수더분했고 나는 깔끔이로 줄을 잡고 당겼다
주방은 어른의 영역으로 많이 하는 것을 원했고 나는 적게 하기를 원했다
나의 숨소리는 가늘었고 어른의 목소리는 커서
나는 생기를 잃어 갔고 말은 일찍 포기를 했다
어른은 내가 밖으로 나가 기름 구하기를 원했고 아이 키우기를 좋아했다
밖은 깜깜했고 안은 불안했다
어른의 애꿎은 소리는 동네를 돌아다녔고 나는 그림자로 따라 다녔다
신경은 하늘을 돌았고 몸은 병원을 돌았다

이불은 몸을 뭉쳐 신경성이 붙은 다리를 받혀주었고
밤새워 뒤척이며 안아주었다
숨을 죽이고 목놓아 울 때도 달래며 설움을 안았고
벼락이 동반한 천둥이 칠 때마다 품어주며 감싸주었다
얼굴까지 남김없이 푹 싸서 보듬어 주었다
숨소리 제 길 못 찾을 때 몸을 들어주는 배려도 아끼지 않았다

이불 속으로 따라 들어와 같이 울어주던 캔 맥주 하나,
가쁜 숨을 몰아쉰다

어른과 나
어느 쪽으로 재단될 수없는
몸에 붙은 편견의 파편을 뒤늦게 털어낸다
옥상으로 데려간 이불은 햇살 아래 몸을 뉘고
어른은 하늘에서 내려다본다

독백 외 2편

김 면 희

꽃잎이 지는 소리에
바람이 울었다
향기 나던 축제의 날
기억에 묻고
사랑한다는 말은
꽃대에 걸어 놓고

쓸쓸함과 슬픔과 외로움이
숙명처럼 느껴진다고
또 한 번 울지도 모를 일이다

우리는 날마다 새로이
피어나는 꽃처럼
하루를 살고 싶은
철없는 나그네

보이지 않는 꽃향기에
사람과 사람 사이에 행복감은
하루를 살아가는 자양분이 된다
우리 사는 세상은 사랑을 위해
사는 것이라고 또 한 번 믿어본다

바다

김 면 희

철썩 철 얼 썩
파도가 밀려오는
바닷가에 서서
파도가 삼켜버린
수평선을 바라보고 있다

어머님 품 같던 푸른 바다
무슨 일이 있기에
가여운 돛단배를
단숨에 삼킬 듯
드세게 덤벼드는구나

파란 가슴을 하얗게 가르며
밀려오는 사랑의 파도
갈매기도 끼룩끼룩 즐거워라

그리움 부서지는 파도 소리에
바닷가 연정 이루어지기를
갈매기도 내 맘인 듯 맴도는구나
산산이 부서진 마음에
버리고 모두 버려서 비우고 또
비워서 잔잔한 호수가 되리라

비 오는 날

김 면 희

비 오는 날이면
빗방울 소리에
나뭇잎 깨어나는 초록 숲으로 가자

방울방울 찹찹하게
숲길을 적시고 솔바람 일으키니
마주하는 숨결이 달짝지근하다

빗줄기 붙들고서 하소연 하는 여름
새벽부터 울고 자며 저 혼자 청승이다
때마다 눈물짓는 일 이제 그만할 만하다

한 방울 빗물조차 허락하지 않겠다고
팽팽하게 펼쳐 놓은 자존심 그늘 아래
빗방울 미끄럼 타며 눈물처럼 주르르

노을빛 추억을 풍경처럼 걸어놓고
잠시라도 시간이 거꾸로 흐르는
비 오는 날 오후 속에 나를 놓아두자
하루쯤 그렇게 시간이 더디 가게 한다

수감되다 외 2편

김 옥 희

집에는 나 혼자다
식구들이 출장 여행 밤나들이 간 것이다
감기가 잠을 내몰아 베란다에 나섰다가 문이 잠겼다
새집의 생리를 숙지 못하고 방심했다
얇은 유리문 한 장이 성벽이다
거실을 본다
가스레인지 위에 냄비가… 조용하다
테이블 위에 놓인 휴대폰이 내게로 팔을 뻗는다
밤나들이 간 아들을 불러본다
어둠이 전신주 아래를 돌던 고양이를 냉큼 덮는다
정숙자의 시 「1초 모으기」를 읽고 있었다
층층이 쌓인 어둠 속 1초가 보고 싶었을 뿐인데
가로등 불빛이 힘을 뺄 때까지 나는 줄곧 1초씩 밀어냈다
시간은 기다리면 더 멀어질 뿐이다
고물을 거두는 할머니가 어둠을 휘젓는다
다섯 시까지는 오겠지
부지런한 집 창문에 불이 들어오고
여섯 시까지는 올 거야
비둘기들이 각자 몇 개의 1초를 지고 날았다

그런데 그런데
아들이 출근하려고 자기 방에서 푹 잔 얼굴로 나왔다

여의사

김 옥 희

시청역 11번 출구 옆 투썸플레이스에서
보고 싶던 몇 사람이 모였다
해는 떠나고 불빛은 오지 않았다
오래된 느티나무가 테이블 위에 앉았다
필름 한 컷이 조각조각 찻잔 속으로 떨어졌다

유리창 경계선 밖에서는 모든 것들이 느리게 흘러갔다
맞은 편 여의사와 눈이 딱 마주쳤다
건물 벽에 눈썹처럼 달라붙은 '공중' 위에 사는 '여의사'는
팔다리 뚝 떼고 무작정 여의사다
각자 의견이 그네를 탄다
간판은 생의 자세인 것, 궁금했다
여자의 비밀이 드나드는 곳이라면
여자를 앞세워 여자를 팔아
여자를 입고 벗고 먹고사는 사람 같았다

여자라는 이름으로 피해갈 수 없는 병원이 있다
감추고 싶어서 의사남자를 피하고 싶었던
꽃피는 날들이 지나갔다
시간의 내부에 등을 기댄 채 꽃은 떨어졌다
비밀이 다 털린 여자는 빈 곳간처럼 허전했다

길을 펼치고 발자국도 없이
프레임 밖으로 느티나무가 걸어 나갔다

차가 들어올 때까지

김 옥 희

플랫폼에 섰지
방금 헤어진 너의 뒤통수가 축구공처럼 보였어
아직 차 앞머리가 보이지 않아 한 줌 미래가 '아직'에 붙어있네
너와 비슷한 사내들이 자꾸 내 옆에 뒤에 줄을 서
발끝에 달린 마음이 돌아 선 머리를 툭툭 차
내 생각은 뚝 부러졌어
너랑 마신 생강차가 혀를 말아 먹었어
생이니 강이니 오리무중이니 생을 버리고 강을 건너라하네
금속울음을 울며 내게 오는 차 앞머리가 보이기 시작했어
바람이 밀고 온 울음들이 속력을 내어 내 등을 밀어, 밀리고 싶어
죽음 곁을 빠르게 지나치는 새가 온다
새가 될 마지막 기회야
계란을 던지듯 몸을 던지면 돼
그렇게 공을 발로 차는 거야
모든 감각기관이 폐쇄 되겠지

생각이 거기에 닿자 불현듯 내년 겨울이 보고 싶어졌어
차고 흰 눈을 밟고 서서 하늘땅을 번갈아 보는 일
부드러운 티라미수를 입속에 넣어 보는 일
아직 경험 안한 가능과 불가능 사이를 왕복하는 일
너를 뻥 차보는 일 그리고

2부.

겨울과 봄 사이

눈발의 발은 발차기다 외 2편

천 영 필

나폴나폴
내리자마자 녹아 사그러진다
눈발은 날씨가 푹하면 히말떼기가 없다
쨍쨍쨍 추워야 힘이 세진다
발, 눈발의 발은 발차기다

세계 동계올림픽 평창 눈꽃 축제에 초대 받아
제대로 힘 받는다
남북한 태권도 시범단의 발차기를 본다
TV를 시청하며 뽀드득뽀드득
힘 오르는 내 눈발

은빛 세상은 또 다른 발차기다
전 세계인의 평화 축제
참여로 하나 되는
발들의 향연을 응원한다

새해 새벽

천 영 필

차가운 바람 이는 해 뜰 녘
한참을 조바심과 기대로
일출을 바라보는 새해 첫날
상서롭고 환희로운
기운에 달뜬다

해돋이에 비는 소망 하나
소박하지만
오늘 여기서 마주하고
축복을 보내고
안부할 수 있음에
감사할 일이다

선물로 한 해를 받아들이는
첫 날의 이 마음을
선달 그믐날까지 지니길
축원한다

그때가 지금입니다

천 영 필

우린 가끔 '그때가 좋았지'
라고 말하곤 합니다

그때 어떻게 어떻게 했으면
돈도 벌고
결혼도 하고
출세도 했을 텐데…
그렇게 후회하지만

그때란 마술처럼 없죠
그때는 바로 지금
바로 오늘입니다

그때를 잊고
지금을 축복합시다
오늘을 축복합시다
지금에 충실하여
내일을 꿈꿔 봅시다

낙엽 외 2편

장 영 자

가을 소냉기가 자작자작 내리더니
천둥번개에 소낭구가 자작근한다
마당에 있던 솥이 휘떡 뒤배지고 닭들이 퍼둥거래지고 퍼덕퍼덕한다
직조틀이 자빠지고 미루낭구 꼭대기서부터 훌러덩 벗겨진다

내가 지금 그런 형편이다
닭은 한참 있다가 일나든데 내가 그리될까
번개 맞은 맨치로 일나지도 못하고
죽을 날만 기다리제
고마 내가 죽었으면 좋겠다
자꾸 울 어매가 옆에 있는 것 같다
나를 우구치 광산에 시집보내 놓고 해 뜨면 저 해 저도 보겠지
애간장 녹이며 세월을 보냈던 울 어매
이제는 따라 가야제

커피

장 영 자

그녀는 무당이 되어 새벽을 맞지
그녀의 뜨거운 입김이 서늘한 공기를 밀어내기 전에는 영원히 밤이야
냉정하거나 거만하거나 상냥하거나
난 종일 그녀만을 생각해
그녀 때문에 지샌 밤도 그녀 덕분에 위로를 받지
드디어 멱살을 잡혔지
나는 서툴게 작두를 타고
생살을 찢는 통증이 머릴 쪼개네
그녀의 감옥에서 탈출은 천길만길 낭떠러지
나를 침대 위에 뉘이지
사랑은 두려워
잊을 시간이 필요해

나에게 눈 맞추고 웃어주면
또다시 그녀를 반기지
오, 그녀의 달콤한 입술이 나를 덮치네
맛이 어때요?
몸 세포 하나하나가 꽃등을 달고 잠에서 깨어나지
그녀는 눈을 맞추려고 애쓰고 난 눈밑이 떨린다

독백

장 영 자

블록 사이 틈을 열고 고개를 들어요
싸한 아침공기가 나를 짓눌러요
바람이 지나가면 목젖이 떨리네요
철모른다 하지마세요 그냥 피었어요
측은해 마세요 추워도 난 괜찮아요
나비가 오지 않으면 스스로 하늘이 되어 봐요
윙윙 바람소리에 귀 기울이고 들숨과 날숨을 지켜보며
혼자 놀아요
눈동자에 구름이 낀 낮달이 시린 손을 내밀 때
손을 잡아주고 싶어요,
나는 웃고 싶을 때 웃고 슬플 땐 울어요
낙엽이 벤치에 앉아서 겨울을 걱정하면
그만 눈을 감지요

나는야 하얀제비꽃

겨울과 봄 사이 외 2편

김 순 수

겨울비가 가만히 쪽창을 짚는 밤
모로 누워 날인 없는 추억들을 간추린다
추억을 간벌하기 좋은 날씨다
적시는 비처럼 적시는 누구이고 싶었다
누군가에게 단비처럼 내리고 싶었다
이 비가 그치면 봄이 이러할진대
폐허 아닌 계절이 어디 있으랴
오가는 계절이 한자리에서 다르게 앓고 있다
겨울 해님이 연신 뿜어내는 따사한 입김은 어느새 봄을 떠올린다
차가움이 묻어나는 건물 외벽 사이사이
아직은 떠나지 못한 고드름이 햇볕을 쬐고 있다
새로운 봄은 우리에게 꽃을 가지고 오는데
나는 누구에게 꽃을 가지고 찾아갈까

젠장

김 순 수

제 손으로 가져다 매운 고추를 먹으며
이런 젠장
맵다고 욕하는 사람들
그래도 쌈밥은 맛있네
상추 위에 깻잎과 참기름 바른 된장을 버무리고 사는 맛으로
질펀한 욕지거리는 기본
젠장이네

아침상이 차려진 곳으로 메아리가 오르는 곳으로 구름이 머무는 곳에
새들의 지저귐으로 아침상을 차리고
아침만큼은 편식을 해보자
젠장으로

창문 너머 차가운 바람 올 일 없어
매운 고추맛이라도 느껴야지
가슴 깊이 스미는 차가운 겨울바람 오기 전에
혀끝이 얼얼하게 고추장 된장 아닌
젠장으로

환절기

김 순 수

봄이 지나고 여름이 오고 있다
빛나는 하루가 열리고
저 멀리서 손짓하는 내가 서있다
땅속 깊은 곳 뿌리가 남근처럼 꿈틀거리면
물오른 가지마다
속곳 없는 꽃망울 달아오른다

하이
지난날의 축복에 감사하고
새로운 기약에 찬미한다
내일로 가는 희망열차에 편승하여
오늘도 달린다
피곤도 잊고 고통도 잊고 번민도 잊는다
그저 주저함 없는 쾌속에 즐긴다

나는 운다
내가 울면
낙엽 밟는 걸음걸음마다 휘청이며
낙엽과 함께 나는 운다
바람되어 불면 낙엽은 바스락바스락 울면서
또 다른 봄을 잉태하며 노래한다

자화상 외 2편

한 성 춘

나를 찾는다

하루 종일 공을 차 보아도 찾지 못했다
하루 종일 공을 쳐 보아도 찾지 못했다
하루 종일 달려 보아도 찾지 못했다
하루 종일 일에 빠져 보아도 찾지 못했다
하루 종일 책에 빠져 보아도 찾지 못했다
하루 종일 집착에 빠져 보아도 찾지 못했다
밤새도록 술에 빠져 보아도 찾지 못했다
밤새도록 달과 별에 빠져 보아도 찾지 못했다
산속에 물속에 빠져 보아도 찾지 못했다
허공 속에 빠져 보아도 찾지 못했다
여름의 끝자락에 빠져 보아도 찾지 못했다
계절 따라 새로운 옷을 걸쳐 보아도 찾지 못했다
나의 그림자를 따라가 보아도 찾지 못했다
세수할 때 거울을 뚫어지게 바라보아도 찾지 못했다

나에게 나는 없고 이름만 있다

개울물의 인문학개론

한 성 춘

청계산골짜기에 앉아
개울물의 인문학개론 강의를 듣는다

개울물은 먼저 가려 새치기도 않는다
같이 손잡고 노래하며 앞으로 간다
길 아닌 데는 가지 않는다

바위가 길을 좌우로 갈라놓아도
서로 다투지 않는다
좌측에 있던 물은 좌측으로
우측에 있던 물은 우측으로
가던 길 그대로 간다
바위를 지난 뒤 다시 만난 그들
처음처럼 어울린다

혼자 가고
뒤로 가고
샛길로 가고
길 아닌 데로 가면서
찢어지고 싸우기만 한 인생이었다

졸

졸
졸
졸 받아라

소주 한 잔

한 성 춘

내 고향 형산강 상류에 터 잡은 징검다리
궂은 일이 있을 때나 좋은 일이 있을 때
고향 역으로 가기 위해 꼭 건너야 하는
아버지가 자주 건너시던 징검다리였다
고향을 떠나온 나는
자주 청계산 냇가 징검다리를 찾았다
청계산을 오를 때나 내려 올 때 건너곤 했다
부모님과 영원한 이별을 했을 때
아내가 마지막 길을 혼자 갔을 때
나는 혼자서 징검다리를 건넜다
자녀들이 결혼하고 손주들이 태어났을 때도 건넜다

세상이 무너지는 애석하고 슬픈 빗물이 흐르는 계곡
새 생명 태어날 때의 기쁨과 신비를 노래하는
맑은 물이 흐르는 계곡
모든 이에게 힘든 세월의 강을 건널 수 있도록 해준
저 단단한 징검다리, 소주 한 잔

아니다 외 2편

김 무 늬

화이트데이에 선물 받은 사탕병에
동원참치가 들어가면 더 이상 그 병은 사탕병이 아니다
십여 년을 써 왔던 수건이 방바닥을 닦을 때 그 수건은
더 이상 수건이 아니다
오랫동안 입었던 외투가 재활용 박스에 넣어지면
더 이상 그 옷은 나의 옷이 아니다
꽃다발 연인이던 포장지가 책을 만났을 때
더 이상 꽃다발 연인이 아니다
스타킹 코가 빠져 신을 수 없을 때
스타킹은 더 이상 스타킹이 아니다
물건이 비워 진 종이골판지가 노숙자를 만났을 때
종이박스는 더 이상 그냥 박스가 아니다
사과가 비어 있는 사과박스에 검은 손이 닿으면
더 이상은 사과박스가 아니다
수첩에 나의 하루하루가 기록된다면
수첩은 그냥 수첩이 아니다
탄탄한 다리로 든든하게 육중한 몸을 받치고 있는 의자에
걸맞지 않은 이가 앉는다면 그냥 의자가 아니다
내가 시를 알지 못했다면 지금의 내가 아니다
아니다 아니다
아니다, 맞다
내가 여기 있는 건, 분명 이유가 있다

견고한 물

김 무 늬

바람의 꼬리가 길어질수록 계절은 더디기만 했다
하얀 물의 속살을 한 움큼 쥐고 살아낼 수는 없을까
구비쳐 오르는 물살을 대할 때마다 나의 위는 길어져만 갔다
아쉬움이란 차오르는 위를 절제해야만 하는 것이다
오늘 같은 날이면 찰랑대던 일상에서 너울성 파도를 타고 싶다
기대가 큰만큼 폭발성도 크게 따른다
겨울에 대한 이야기가 끝나갈 무렵 나의 계절은 또 하나의 겨울을 준비한다
수평선에 걸린 노을이 점점 제 빛을 잃어갈 쯤
이야기의 구도는 점점 확장되어 가고 물의 전개도가 펼쳐진다
점점 열어지는 구조로 물에 가까이 다가간다
살갗의 솜털이 연인의 손끝에서 잦은 떨림으로 온다
빗방울의 촉수에 물의 피부가 제 등살을 일으킨다
물은 연어처럼 되돌아오지 않지만
어머니의 양수를 그리워하는 나는 늘 연어처럼 물로 되돌아간다
늘 가슴으로 열고 기다렸던 어제가 밀물되어 돌아오면
크나 큰 파문으로 생을 다그칠 때 마지막을 타전한다
작은 웅덩이를 작게 채우고 큰 웅덩이를 크게 채워

모든 것을 수평적 사고에 이르게 하는 당신
나의 위장에는 늘 위대한 하나님이 살고 계신다

* 김낙호의 시 「물의 유전」을 패러디하다

전투

김 무 늬

소나무 침엽수는 뾰족한 창으로 적군을 향하여 무차별 진격이다
상수리나무의 활엽수는
제각기 자신의 방어를 위해 제 몸뚱이에 톱날을 세워보지만
매번 전쟁에 패하는 설욕을 당한다
여기저기 떨궈지는 활엽수들의 참패에 침엽수들의 기세는 날로 커져만 간다
선혈이 낭자한 활엽수들의 낯빛,
모두가 전쟁 속에 뛰어들며 상처투성이가 되고 죽어 간다
침엽수와 활엽수의 끝이 나지 않을 것 같은 싸움
슬슬 눈치를 보며 기회만 넘보는 호랑가시나무는
침엽수의 승리를 앞두자 소나무아래서 서성거리고 있다
오랫동안 전쟁만을 해 온 그들에겐 때로는 적군도 아군처럼 기억되기도 한다
삼엄한 경비를 피해 가끔은 서로에게 위로가 돼 주기도 한다
어깨를 빌려주며 휴식을 취하는 그들에게 홀쭉히 내미는 햇살,
까무룩 조는 오후 시간
가을의 한 때가 저물어도 쉬 식지 않은 그들의 싸움에
혈혈하게 서 있는 단풍잎이 병사들에게 채혈을 한다

제 몸 사위어 가는 줄 도 모르는
가을산은 지금 전쟁 중이다

된장찌개 외 2편

홍 명 자

두부와 청량고추 듬뿍
그리움도 한 스푼
매콤하고 구수한 된장찌개에 추억이 끓는다
어머니 손맛이 살아날까
달래도 넣어보고 냉이도 넣어본다
완성된 사랑처럼 보글대지만
깊고 진한 그 맛이 아니다
지지고 볶고 애써보지만 흉내 낼 수가 없다
지혜롭게 살고 싶은데
인생살이나 찌개를 끓이는 일이나
엄마의 솜씨가 그리운 날이다

야경

홍 명 자

멀리보이는 빌딩
찬란한 야경이 눈부시다

향이 그윽한 찻잔을 들고
추억에 젖고 있다

밤은 깊어가고, 희미한 불빛은
지는 꽃잎처럼 애처롭다

가로등마저
외로움을 타는 밤

부슬부슬 내리는 비만이
나를 위로 하고 있다

용문사에 다녀오는 길

홍 명 자

특별히 슬픈 일도 없는데 눈물이 난다
그냥 우울하고 외롭고 쓸쓸하다
버릴 수만 있다면 툭툭 털어버리고 싶다

중앙선 열차를 갈아타고 용문사를 찾았다
천년을 살아온 용문사의 은행나무는
무수한 이파리 다 털어버리고 묵언중이다
큰 법당안의 부처님은 입을 꾹 다문 채
잔잔한 미소로 날 뚫어지게 바라보신다

마음속 담아온 내 부질없는 것들이
은은한 미소의 바람처럼 사라져 버렸다
집으로 돌아오는 전철 속 많은 사람들은
무슨 힘든 일로 표정이 저리도 무거울까

이파리 다 떨어내고 새봄을 기다리는
은행나무의 소망을 내 맘에 담아온다

3부.

향기의 전설

국수와 말채나무 외 2편

조 은 숙

맛집으로 소문난 국수집에 미리 줄을 선다
생일인 친구를 위해 낭창낭창한 국수 맛을
보려고 낭창낭창 서 있다
국수 넘어가는 맛이 낭창낭창 하다고
낭창낭창 국수라 부르기도 한다
창덕궁 후원 말채나무 아래 설명이 있다
나무가 낭창낭창하여 봄날 물 오를 땐
말채찍으로 쓴다고,
붉은색 줄기 속은 흰색 그래서 국수와
말채나무는 낭창낭창 닮았다
나도 말채나무처럼 낭창낭창하다고
말하는 귀여운 그대
생일케익 위에 꽃잎이 낭창낭창
고택 찻집 대추차도 낭창낭창
길상사의 붉은 앵두가 낭창낭창
국수와 말채나무처럼
유월은 낭창낭창 시작된다

속초여행

조 은 숙

속초는,
어느 유명 배우가 말기 환자로 병실에 앉아
마지막 소원처럼 가 보고 싶은 그곳이라고
속초는,
생활에 지친 이들이 가장 짧은 거리에서
동해와 만나는 그 바다 추억이 그곳이라고
속초는,
거센 파도 속에 속이 뻥 뚫리고
겨울바다 바람이 폐 깊숙이 들어오는 그곳이라고
속초는,
밤바다 모래사장이 보이는 리조트에서
친구들과 폭죽을 터뜨리며 겨울 속 초록을
만나는 그곳이라고
속초는,
함께하지 못한 이들도 다 감싸 안는
어머니 젖가슴 같은 사랑,
바로 그곳이라고

소빠리 연가 · 2

조 은 숙

오, 한강
그 강변에서 옛날 소라과자를 소란스럽게
먹고 아주 오래된 모나코 음악을 들으며
어린 시절 강변을 추억한다

와, 한강
모닥불이 있었다면
그 추억을 고스란히 흉내 내어 볼 텐데
바로 옆에 국회의사당이 보이고
아들 잘 키워 국회에 입성시키라는 내말에
친구는 피식 웃는다

그래, 한강
어릴 적 냇가 바위를 닮은 한강변 바위들
짧은치마 차림으로 바위에 털썩 주저앉아
초여름 밤공기를 마신다
으슥한 갈대숲에선 한 연인이 데이트를 하고
도심에서 볼 수 없는 별을 한강에서 본다고
별을 닮은 친구는 별을 노래한다
별 또한 그때 유년의 별이지

오, 한강
누군가는 비관으로 떨어지고 싶은 한강을
우리는 유년의 기억으로 추억하며 온다
아직도 열다섯 소녀에 멈춰 성장하지 않았다고 친구는 내게 말한다

조명 든 국회의사당을 뒤로하고 소빠리 친구들은 초저녁 유람선과 노을카페의 커피를
약속하고 헤어졌다
멈춰선 열다섯 소녀를 한강에 둔 채

수요일 저녁에 부쳐 외 2편

전 하 라

홀로그램에 day를 입력한다
비추어도 기울여도 만져보아도
잡히지 않는 숨은 날마다 부재중이다
똑똑 두들기는 소리가 나는 곳에 귀를 기울여본다
노출을 꺼리는 얼굴에 선글라스와 모자를 씌우며
채집된 day & day를 격자로 짜본다
이미 시작된 새로운 주간
오늘은 자꾸만 죽어나간다
캘린더 속에는 죽음을 재촉하는 모순된 배열이 있다

여배우의 꿈을 꾼 지난 시절,
레드카펫 위에 아름다운 생이
고양이처럼 웅츠려 있다

그녀가 무대 위에서 새로운 하루를 전송하고 있다

시선을 긋다

전 하 라

사이렌소리가 빌딩 사이를 훔치며 간다
종로3가 극장가를 강타한 소리가 사람들의 관심을 앗아 갔다
2인조 강도가 피카디리 뒤 보석가게를 털고 있다
복면 없이 겨울 코트 깃을 올리며 슬픔을 털어내고 있다
진주목걸이에 묻어나고 싶던 시절이 수포로 돌아갔지만
소녀가 바라보던 흑진주는 전시장 안에서 건기로 손짓한다
대형스크린에 2인조 강도의 현상수배 전단지가 미로도시를 강타한다
여친을 위장한 행동에 행인들을 패닉 상태에 빠지게 한다
사이렌소리가 골목골목을 지나쳐 간다

순간 후두둑후두둑
겨울비가 사이렌소리에 사선을 긋는다

말 달리자

전 하 라

커피에 코피가 헐리고, 헐
생선에 생파를 자르고, 자
선반에 신발을 올리고, 올
젠장, 가을의 온도가 치열하다

치, 치실에 억장이 무너진다면
하, 하늘 위로 솟아오르는 피아노 선율
저, 저기 보이는 이데아의 환상을 넘어
아마데우스의 음표를 그리는 중세, 십자가

한 음절마다 계절이 엮이고, 역
추억이란 놈이 진동하고, 진
관절마다 토너먼트 병목현상이 돌리고, 돌
기억의 댕기머리 무관심의 생각이 눌리고, 눌
쭈뼛 웃자란 손 끝에 달리는 속도를 잘라낸다, 잘

지각하지 않으려, 발버둥치는 꿈의 페달
달리고 달리고, 달려 봐도 손잡이에 묶인 잠
그렇게 스며드는 우울이 덥석 가을을 문다
새삼스럽다를 내건 현수막에, 알 게 뭐야

말놀이, 말타고 달린다
말 달리자 말 달리자

향기의 전설 외 2편

김 경 희

아득한 옛적부터 직녀는 실을 잦아 인연을 엮고 있었다
아름다운 꽃도 벌 나비도 새겼지만
무언가 허전한 서러운 마음이 아직도 남아 있음을 느꼈다
그 서운함을 찾으려 계속 물레를 저어 흰머리가 서리처럼 내렸다
가을도 깊어가는 석양 무렵 이제는 포기하고 영원히 쉬고 싶었지만
꽃 속에 깊이 숨어있는 향기를 접하고 다시 인연을 짜기로 했다
은하수 넘어 외로운 별 둘이 반짝이며 반겨주었다

인연이 닿아야 향기를 품을 수 있기에
붉은 노을이 마지막 열정을 쏟아낼 때까지 물레를 저어
청잣빛 하늘에 군자가 탐하나 희롱할 수 없는 고귀한 국화꽃 송이를 피워냈다
꽃잎 필 때마다 바람결에 속삭이는 향기는
내 모든 걸 그대에게 바친다는 꽃말을 가진
진보랏빛 우아한 자태와 향기 짙은 귀부인
내가 사랑하는 꽃이기도 하다

삶에는 예기치 못한 신이 만든 실타래가 엮어준 듯한 만남도 있다
알 수 없는 신비로운 일이다
늦가을
국화꽃 향기가 설화처럼 아름답게 그렇게 피어나고 있다

신호가 깜박거릴 때

김 경 희

나는 오늘도 이 길을 지키고 있다
기력이 떨어져 늘어질 때면 한 번씩 새 힘을 넣어주어
온 힘을 다하여 두 눈 부릅뜨고 살피고 있다

나를 믿고 건드렁 거리며 갈지자로 걷는 청년들
장난에 정신 팔려 나의 보호 구역을 벗어날까 마음 졸이기도 한다
유치원 아이들이 삼삼오오 떼 지어 건널 때는
인솔하는 처녀 선생님의 두 눈과 마주치며 윙크하기도 하지만
나는 더욱 두 눈을 부릅뜨고 온 힘을 다하여 숫자를 세며
마지막 한 명까지 잘 건너가기를 기원한다
날은 저물고 달님도 찾지 않은 이 길을 어정거리며 노인을 만날 때면
내 가슴은 전투병같이 쿵쿵 뛰며 깜박이에 힘을 실어 보낸다

겨울밤 자정을 넘기면 나에게도 안식이 찾아온다
끝없이 깊은 하늘을 쳐다보며 나의 스트레스도 강도가 낮아져
주위를 둘러볼 여유가 생긴다

내가 지키고 있는 이 동네에 항상 평안이 함께하고
어린것들의 웃음이 끊이지 않고 무럭무럭 자라나기를
찬바람 볼을 스치는 오늘밤도 나는 은하수 건너 별들과 교신한다

조금 남은 촛불

김 경 희

어린 시절 생일을 축하할 때마다
너는 함박웃음으로 나를 기쁘게 해주었네
너의 그리운 얼굴이 추억으로 살아나
살포시 한 줄기 빛으로 마음속 커튼 들추고 찾아오네
기쁨이 찾아올 때는 행복한 마음 감추느라
밝은 일렁임에 가슴속 들여다보며 미소를 지었네
사노라니 너는 슬픔 또한 잉태하고 경건한 의식으로
갈무리하며 찾아들기도 했네
꺼억꺼억 숨죽이며 내면으로 토해내는 비통을 조금씩 삼키며
꺼질 것 같은 생을 이어 주고 함께 붙들고 산화하기도 했네
나를 위해 태운 너의 육신은 뇌리에 재의식의 흔적으로 새겨져 있고
그 빛 자국마다 나의 삶의 흔적이 각인되어 있네
너를 위해 이제 내가 춤을 추어야 할 때가 왔네
흰 바단 옷자락 학처럼 휘어 감고 은하수 별빛 닿는 곳으로
너만 있다면 나는 서슴없이 더 밝은 곳 찾아
훨훨 날 수 있겠네

어머니 얼굴 외 2편

박 찬 숙

시골 고향집에 갔다
그녀는 텃밭 담 밑에서 따스한 겨울 볕을 쬐고 있다
봄에는 달콤한 꿀로써 나를 즐겁게 하고
여름에는 두꺼운 손바닥으로 이웃들의 휴식처가 되었는데
찬이슬 무서리에 친지들은 다 떠나고
첫눈 내리는 초겨울
홀로 남아 오후 두시의 겨울 볕을 쬐고 있다

얼굴의 잔주름 속에 세월의 풍상이 녹아있고
빛나는 이마엔 태양의 뜨거운 열정이 깃들어 있다
응달진 곳에는 젊었을 때의 고난 속에도 잃지 않은
여인네의 아름다운 미모가 숨겨져 있다.

집에 돌아와 따뜻한 돌침대에 누워 잠을 청하니
낮에 본 늙은 호박이 천장에 떠오르고
시나브로 어머니의 얼굴로 바뀐다

생일선물

박 찬 숙

긴장되고 떨림 속에 자리에서 일어났습니다
호흡을 가다듬고 첫 졸시를 읊었습니다
교수님의 한 마디 한 마디에 귀가 쫑긋했고
강평을 마친 뒤엔 가슴이 콩닥거렸습니다
그것은 딱 소리와 동시에 와…, 하는
함성을 동반하며 담장을 훌쩍 넘은 장외홈런이었습니다
기쁨이 하늘높이 치솟고 가쁜 숨은 턱에까지 차올랐습니다

생일날 첫 출품에 첫 장원
소가 뒷걸음질 치다가 잡은 쥐인 것을 알기에 우쭐댈 것은 아니라도
'피그말리온의 효과를 또한 알겠다만
생애 최고의 생일선물로 간직하고 싶습니다

어머니의 벤츠

박 찬 숙

네 마실을 나간다
허리가 구부정하여 유모차를 밀고 오는 모습을 보고
나는 먼발치에서도 금방 어머니인 것을 안다

찌그러지고 할퀸 바퀴에서는 오랜 세상 살아오면서 겪은
어머니의 상처 난 마음이 보였고
닳고 헤어진 손잡이는 험한 세상을 헤쳐온
길잡이임을 나는 안다
그리고 바퀴와 의자의 연결고리에서 나는 삐그덕거리는 소리는
아들딸들을 키우며 외치는 어머니의 탄성이었다

어머니의 유모차는 꿈과 자긍심이라는
보물을 싣고 다닌다

유모차에는 사업가 큰 아들의 자랑스러움과
대학교수 둘째 딸의 자긍심이 실려 있다

며칠 전 유모차를 새 걸로 장만했다
자녀들이 준 용돈을 모아 새 걸로 교체한 것이다

어머니, 유모차 새 걸로 바뀌었네요
얘는, 그건 유모차가 아니라 내 벤츠야

여행을 떠나며 외 2편

신 명 수

가방을 챙긴다

즐거움이 꿈틀대는 언덕을 오르고 싶다
후회가 넘실대는 들판을 건너가고 싶다
평화로운 정상을 향한 발걸음을 옮긴다
추억이 쌓이고 이별은 흩어지리라
끝없이 펼쳐진 길을 걷는다
홀로 미지의 심연을 유영하고
함께 미개척지의 황야를 달리고싶다
무료함으로부터의 탈출
또 다른 하루를 향한 힘찬 발걸음
돌아갈 수 없는 어제가 투영된다

절벽 같은 현실을 마주한다
오늘은 새털구름으로 하늘에 날고 싶고
내일은 바람으로 울창한 숲을 떠돌고 싶다
낯설음의 산을 넘는다
두려움의 바다를 건넌다
매순간 각인되는 모든 것들이
시어로 교차하는 세상 속으로 들어간다

출발

연명하다

신 명 수

멀리 날아가고 싶었을 게다
솔개보다 높이 날고 싶었을 게다
한 줄 실오라기에 목숨을 걸고 사느니
차라리 줄 끊어진 연이 되고 싶었을 게다
연을 끊으려는 연과
연을 이어가려 하는 또 하나의 연
연적이 되어 가슴이 두근두근 서로에게 손짓한다
가슴속 깊이 간직한 꿈의 한 조각
새파란 하늘 위에 띄워 보내고
가슴 한켠에 널부러진 상념들을 구름꽃으로 날려 보낸다
마냥 너그럽기만 하던 무채색의 앙칼진 바람을 토해낸다
두려움과 희망의 실타래를 엮어 이어주던 위태로운 연의
연줄
미래와 과거를 마주보고 있는 현재
늘 그랬듯이 설렘은 끊어지고
미련만이 얼레에 감겨있다

개둘기

신 명 수

인류의 평화를 짊어지고 하늘을 날던 그들이 추락하였다
미필적 고의에 의한 직무유기로 억울하게 기소된 그들이지만
일절 법적 대응을 피한 채 노숙자가 되어 빌딩숲에서 배회한지 오래다
미세먼지와 공해로 찌든 나래를 펴고 힘겨운 옛 영화를 갈구하던 그들
노점상에서 버려진 1면을 장식한 테러와 폭력으로 물든 신문지가 낙엽과 함께 뒹굴자
그동안 침묵으로 일관하던 그들
명예훼손과 무고죄로 법적대응에 나섰다는 소문이 돌기 시작했다
참새와 까치의 삶을 벤치마킹하여 살아남은 그들
까마귀를 변호사로 선임한 그들이 본격적인 법적투쟁을 예고하였다
여전히 까마귀의 울음은 그들의 자존심을 건드려 정적이 된지 오래지만
그들의 피치 못할 마지막 선택이었다
대법원의 결심공판을 앞둔 첫 무서리가 내리던 어느 늦은 가을
그들이 해로운 사람으로 지정되었다는 청천벽력의 소식이 전해진다

인간으로부터 버려진 그들과 유기된 평화가 된서리 되어 내려앉은 서글픈 아침
보이지 않은 천 가닥 만 가닥의 목줄이 그들을 옥죄고 있음을 깨달은 그들
고개를 숙이고 말없이 거리를 배회하고 있다

길고양이의 보은법 외 2편

신 승 희

나른한 오후 햇살을 깔고 등나무 아래 길게 누워 있는 길고양이 삼형제
까망이 눈앞에 숨이 끊어지지 않은 쥐 한 마리가 필사의 탈출을 시도한다
하지만 까망이의 예리한 발톱은 이미 쥐의 목을 찍어 누른다
늘어진 쥐의 사체를 어김없이 현관문 앞에 두고 유유히 사라진다
투덜거리며 쥐의 사체를 치우고 돌아오는 내 표정은 사뭇 밝다
짜식 오늘은 쥐야
어스름 저녁 시간이 되자 슬금슬금 나타나는 노랑이
참새 한 마리를 물어다 현관문 앞에 두고
의기양양하게 대가를 달라고 야옹거린다
넌 또 참새냐
사료 한 바가지 퍼다 주는 내 어깨가 으쓱해진다
하양이도 야옹거리며 사료 통으로 머리를 들이민다
하루에 두 번 어김없이 펼쳐지는 이 광경
서로 먹겠다고 싸우지 않고 질서를 지키는 녀석들이 기특하기만 하다
삼 형제의 합작품도 있다

잔디밭으로 기어가던 뱀 한 마리를 본 하양이 쏜살같이 달려가 뱀과의 사투를 벌인다

이것을 본 노랑이와 까망이의 눈빛이 달라지며 합세를 한다

결국 승리는 고양이들

자랑스럽게 뱀 옆을 지키며 칭찬의 말을 기다리는 녀석들의 눈빛에 힘이 들어간다

이로 인해 매일 흉물 치우는 것도 일상이 되었지만

가슴으로 받은 소중한 선물이기에 고맙다

작년 시장가는 길 차비가 없다며 꼭 보내주겠노라 주소와 전화번호까지 주고

지갑을 열게 한 어떤 남학생

몇 년 전 이사를 갈 요량으로 부동산 광고지에 광고를 냈다가 수백만 원을 사기친 사기꾼들

외출한 아이 엄마가 오면 꼭 갖다 준다고 아이를 담보로 돈을 가져간 이웃집 아저씨

생각의 탈을 쓰고 행동하는 사람들보다

가슴으로 전하는 고양이들의 심성이 한 수 위다

길고양이 삼형제, 오늘도 등나무 아래서 저녁노을을 덮고

우정의 하루를 뉘인다

조화弔花들의 퇴역식

신 승 희

공원묘지 근처 구멍가게 앞 가판대
화려한 꽃들이 나란히 사열을 하고 있다
공원묘지 안에는 묘지들의 삭발식이 거행 중이다
관리인의 손끝에서 잘려나가는 머리카락의 풋내음에 말벌들이 화들짝 놀라 일제히 날아오른다
돌아올 명절을 기다리며 어둠의 공간에서 숨죽이고 있던 꽃들이
기지개를 켜며 따스한 햇살의 손길을 찾는다
검은 승용차가 미끄러지듯 가게 앞에 멈춘다
꽃들이 숨죽이고 차출의 손길을 기다린다
붉은 장미 노란 국화 이름도 알 수 없는 색색의 꽃들 중
노란 국화가 낙점되어 수문장으로 배치를 받았다
누군가의 묘지 옆에서 낮이면 햇살과 바람으로 그리움을 달래고
밤이면 외로움의 치를 떨며 일어나는 英靈들의 벗이 되어 수문장으로 임무를 수행한다
짧게는 6개월 길게는 1년의 임기가 주어지지만
오래전 발길이 끊긴 묘지 옆에는
무관심의 세월에 빛바래 찢긴 꽃잎 대신
빨간 고추잠자리가 녹슨 허리 위에 꽃잎처럼 앉아있다
토도독, 알밤이 묘지 머리 위로 떨어진다

조용하던 공원묘지에 발자국 소리 요란하다

임기를 마친 수문장들의 퇴역식에 새로운 수문장들이 거수경례를 한다

시집, 화상연고를 바르다

신 승 희

김치찌개에 소주 한 잔 어때
친구의 목소리가 달달하게 들려오는 초저녁
하던 일을 내려놓고 길 건너 친구네로 향했다
현관을 들어서자 구수한 찌개 냄새가 침샘을 자극한다
찌개를 한 수저 뜨려는 순간
냄비 밑에서 비명 소리가 들려온다
난 눈을 크게 뜨고 냄비 주위를 살폈다
냄비 밑에 깔려있는 어느 무명 시인의 시집
시집 속 글들의 뜨거운 아우성에
까만 낙인이 찍힌 시집을 꺼내 들고
한 장 두 장 페이지를 넘긴다
조팝나무 꽃잎이 까맣게 속울음을 토해낸다
이른 봄 고개 내민 수선화가 고개를 떨구고 있다
풀벌레가 노래를 멈추고 버드나무가지를 위태롭게 잡고 있다
뜨거움에 몸서리쳤을 저 몸짓들
그럴 수 록 서로의 몸을 의지하며 火魔와 맞서는 숭고한 희생
침샘을 자극하는 김치찌개보다
눈물샘을 터트린 시집을 안고 돌아오는 길
내 손에 들려진 시집 위로
시린 눈발이 하얀 연고를 발라주고 있다

4부.

시인의 정원

틈새에 둥지 튼 새 외 2편

안 서 진

담쟁이덩굴이 앙상한 갈비뼈를 드러내는 겨울
여름내 가려져 그 모습을 볼 수 없었던
콘크리트 벽 틈에서 발견되는 새
그 틈새에 둥지를 튼 새가 있다

새는 접지 못한 날개를 퍼덕이며 일어나고
틈새로 불어오는 바람을 틈타 날아갔다가
틈새로 불어오는 바람을 틈타 둥지로 돌아오나
날개를 접지 못한 채 둥지에 내려앉는다
틈새의 넓이와 길이에 맞춰 날개를 조절하고
벌어진 틈새만큼 크게 자라는 새
딱 그만큼만 가슴을 벌려 숨을 쉴 수 있는 새
틈새만큼 먹고 틈새만큼 먹이를 저장하는 새
틈새조각만큼 눈을 붙이고 일어나는 새
지나가는 눈동자마다에게 벽에 그려진 벽화쯤으로 간주되어도
틈새에 부는 바람 한 가닥에 가슴이 움찔거리는 새

틈새에 둥지를 튼 새가 알을 낳으려고
힘겹게 몸을 뒤척이는 밤이다

Yes 와 No는 한통속

안 서 진

두전증의 한 여자가 흔들리고 있다
흔들고 있는 것인지 흔들리고 있는 것인지
그녀 앞에 놓인 세상이 흔들거리고 그녀가 흔들린다
그녀에게 걸려 있는 진동의 의미를 분석중이다
반듯하게 자른 여자의 단발머리
가닥가닥 일정하게 뒹구는 올들
머리카락을 자를 때도 그녀의 머리는 흔들렸겠지…
일정하게 자르려 노력했을 미용사와
흔들리는 머리를 부여잡았을 여자가 보인다
함축의 언어로 표현되지 못한 정중한 거부
가볍게 날리는 이 무서운 반복
그 경솔한 진동이 수만 번의 되풀이로 으깨져 걸쭉해질 때쯤
그녀는 멈출 것인가
진자의 축은 어디를 향하고 있는가

여인은 지금도 계속 거부 중이지만
이 세상은 여전히 그녀의 편이다

약간의 거리

안 서 진

그는 의기소침하다
생경한 풍경에 홀로 놓인 자유로우며 가벼운 그의 눈 밑이 검다
그가 말을 건넨 적이 있었는데
나는 잘 알아듣지도 못하는 말로 그를 나무랐다
하늘은 파래야 하고
꽃은 피어야만 하며
향기는 바람을 타고 날아야 한다는 고루한 말들이 퍼져나갔다
듣는 그도 무슨 말인지 모르는 것 같았다
하지만 서로 고개를 끄덕이며 헤어졌다

바람이 지난다
골목을 지나는 바람은 창문을 흔들고
창문은 가끔 열렸다 닫혔다 한다
옆방에선 웅얼거리는 음성이 들리는데
그 뜻을 알 수 없는 소리다

나의 비문碑文 · 2 외 2편

오 승 민

여기에
영원히 깨어 있는 사람은
평생을 고무신처럼 살다가
바람처럼 지나갔다

이 타고난 바람둥이는
문학과 예술과 여자를 너무 좋아해서
한평생 아름다움을 추구하며
살았다

이 작자는
이 세상에서 숨 쉬었다는 표지標幟로
몇 권의 시집과 노래와 우주를 남기고
별똥별처럼 사라졌다

내일이 쇄도殺到하다

오 승 민

너는 생짜 초보운전자
보험이 필요하다
너의 겁먹은 얼굴에 드리워진 그림자
초점 잃은 눈망울에는 음기陰氣가 도사리고 있다
네비도 없이 비포장도로 위를 굴러다니는 것이 너의 일상
덜컹대는 자동차 속에서 괜히 액셀러레이터를 밟아본다
내 가슴 속에선 근심스런 하루가 곧 거세去勢되어지고
운명이라는 자동차 바퀴 속에서 너는 한 마리 피그미다
람쥐가 된다

나는 언제나 너를 기다렸다
네가 오면 오늘과는 아주 다른
무슨 일이 생기지 않을까 하고
그렇게 언제나 너를 기다렸다
그러나 나는 너를 늘 만날 수 없었다
너는 언제나 오늘이 되어버렸고
그 오늘은 항상 후회와 아픈 상처로 점철點綴되었다
그러면 또 다른 네가 어김없이 희망찬 새 하루를 꿰어
차서
나는 늘 새 오늘을 이렇게 힘겹게 살아갈 수밖에 없었다
지금 바로 이 순간도 그렇다

너는 끝없는 너이어야 한다
네가 새 오늘이 되는 순간
지금의 오늘은 이미 과거가 되어
잃어버린 꿈처럼 사라져
나를 끔찍이도 외롭게 한다

대관절 다 어디 갔을까
나에게 그렇게 많던 너는?

무더위

오 승 민

나는 해마다 이맘때면 어김없이 방문하는 저승사자
사람들은 언제나 눈꽃과 함께 내가 와 주길 바라지만
나는 시간을 생명으로 여기는 고리대금업자 샤일록
올해도 온 세상을 한숨만 파는 시장터로 만들었다
네 개의 다리에 잔뜩 힘주고 뽐내던 건물들도
내가 한번 건들자 금방이라도 터질 것처럼 후들거렸다
이열치열이라는 호사가들의 따발총도 나에겐 무용지물
아무런 군말 없이 백기 들고 투항했다
사람들의 무기력한 겉모습들
전염된 그들의 멍한 표정들
그런 그들 앞에 마지막 전의戰意를 불사르는 잡상인들의 깊이 패여진 주름살들
탈탈탈 탈탈탈
나로 인해 몸이 축 늘어진 푸줏간 한구석에서 졸고 있던 선풍기마저
비명을 마구 질러대고 있는 지금 바로 이 순간

나에게 널브러진 모든 사람들,
그들이 그토록 애모한 죽부인竹夫人보다
태풍이 사정없이 온몸에 내리쳐주길 바라는 건
정말로 그들만의 헛된 사치인가
정말로 그들만의 헛된 여유인가

3.6kg 외 2편

우 창 숙

좁은 언덕배기 골목길이 더 비좁아진다
노란 국화꽃 무리가 향기를 토해내며
너를 소중히 안아 전달 전달
허름한 보물 창고에 흑진주 높다랗게 쟁여진다
등 굽은 고목 한 그루 빙긋이 미소 짓는다

너의 희생이 얼어붙은 냉랭한 거리에 사랑을 훅 불어 넣으며
훈훈하게 데워주는 섬김을 보면 나도 후끈해진다
네가 존재하지 않았더라면 차가운 저 곳은 어떻게 될까
너의 존재만으로도 세상은 충분히 아름다운 게지
너의 작은 무게는 따뜻한 체온이 되어
어떤 곳에서는 가늠할 수 없는 커다란 사랑의 무게로 심신을 데워주겠지

욕심 없는 낮은 곳곳에선 너를 안고 마음과 마음으로 옮겨져 커다란 나눔이 온기로 쌓여지겠지
외롭고 추운 저들에겐 너의 존재는 만석꾼 부럽지 않는 혹한을 이겨낼 힘이 될 테지

연탄, 너는 어떤 꽃보다 더 아름다운 시들지 않는 불꽃을 지금도 피우고 있겠지

홍두깨의 시간

우 창 숙

매미 소리 요란한 저녁나절
대청마루에서 슥슥 삭삭 덩크덩 아이들 뛰어노는 소리
미루나무에 오선지 파노라마 걸쳐놓는다
밀가루 덩어리 둥근 멍석되어 사랑을 싸맬 때
머루 눈 반짝 반짝 부대끼며 우애는 영글어간다
막둥이 국수 꼬투리 얻으려 재롱부릴 때
재 너머 누렁이 잿빛 노을 뿔로 떠받으며 제집 찾아 들어선다
박달나무 소나무 판 존재의 소리
마당 한켠에 국숫물 끓는 소리에 추임새 넣는다
쑥대궁 모깃불 연기 불청객 퇴치하고
한여름밤 별빛은 손닿을 듯 쏟아진다
거실 한켠에 세워둔 엄마의 유품
모정은 그 속에서 여전히 고단함도 잊는다
옥양목 수건 머리에 두른 어머니
홍두깨의 시간이 돌아와 손칼국수 밀고 있다

바다가 이사 오던 날

우 창 숙

동해안 한 기슭 후포 항 비릿한 바다 향이 일렁인다
그들은 접영 자세를 한 채 나란히 누워 동면에 들어갈 준비를 한다

입을 열어놓고 유영하던 흔적들을 서로 핥고 있다
희미하게 빠져나온 그들이 정착한 곳은
의심이 짜게 절여진 소금무리 살갗을 파고들 때
그는 수평선 끝자락을 잡고 곤욕을 치른다

폐부를 열면 파도가 닿아 파닥거릴까
그는 그들의 고향을 떠올릴 때
절망은 냄비 속으로 사라진다
그들이 식탁 위에서 뜨겁게 파도칠 때
젓가락은 분주히 검도한다

연주회의 밤 외 2편

이 수 진

차가운 바람이 어스름 녘으로 흩어지면
술렁이는 눈빛이 낯선 골목을 서성인다
보름달의 배웅 받으며 들어선 연주회장
여러 음색의복고풍 재즈가 낯설게 다가오더니
향수를 피워대며 추억을 세워 놓는다

어깨 위 올려진 바이올린이
아름다운 실루엣으로 현을 타면
지난 계절의 그리움을 피워 대고
깊게 팬 주름 사이로 미소 꽃 피어나 색소폰 연주하면
애틋한 사랑의 연서가 스크린에 줄을 선다

설렘 어루만지던 현란한 손길이
가녀린 떨림으로 이국의 풍경 그리면서
황혼의 아릿함 안은 채 세레나데 부르고
씨줄 날줄로 엮어온 사랑 소롯이 껴안고
황홀하게 밤을 적신다

아버지와 소달구지

이 수 진

워낭소리 딸랑딸랑 흙먼지 일으키던
그곳에 덩그러니 앉아있던 당신
굳은살 박인 손이 철부지를 어루만질 때
두 팔 휘휘 저며 손사래 쳤지
가슴으로 안아 올려놓으면 깔깔거리며
소 등을 회초리로 때려도 보았지
밤새 앓던 그 모습 선한데 힘들다 내색 않고
들녘 달리며 시름마저 잊어버린다
소도 주인 기분에 자갈길도 싫은 내색하지 않고
삐걱삐걱 바퀴소리만 요란스럽다
누렁이도 주인 기분에 덩달아 우쭐대며
자갈길도 싫은 내색하지 않고 걷는다
문득문득 귓불 간질이는 추억의 소리
어깨에 짊어졌던 일곱 식구의 고달픔이
등줄기 타고 내리며 항수로 머무른다

플랫폼 소묘

이 수 진

새벽녘 외로움이 미명을 걷고 있다
따스한 온기 밀어내고 여명 속을 홀로 걷는다
옆에서 묵묵히 손 내밀던 오라버니는
지난날의 얼룩진 기억을 발자국으로 덮으면서 보폭을 맞춘다
이슬이 촉촉이 적셔 놓고 가을 향기로 덧 입혀둔 기찻길
그리움이 발자국을 찍더니 지난날 회상에 젖어 오도마니 서있다
기차에 몸을 실으려다 무심히 뒤 돌아본 눈빛 속으로
낯익은 그림자가 애틋함만 보듬은 채 자리를 떠나지 못하고 있다
눈물 뚝뚝 떨어뜨리며 입마저 앙 다물고
마음도 꽁꽁 묶어 둔 채 미동도 없다

아침잠 외 2편

장 예 원

나 지금 당신 사랑하고 있어요
한 찰나도 떨어지기 싫어요
나 지금 당신을 찾고 있어요
지금 어디에 계세요
은빛 이슬방울에 숨어 있나요
붉게 떠오르는 태양빛에 숨어 있나요
아니면 내 등 뒤에 숨어 있나요
어서 나오세요
어서 나와 부처님 미소를 보여 주세요
당신의 감미로운 입술이 너무 그리워요
차마 눈조차 뜰 수가 없어요
그리운 당신의 입술에 노래로 불러요
루치아노 파바로티[1]처럼 높은 음역으로 힘차게 불러요
온 방안을 쓰나미가 지나간 것처럼 엉망진창 만들어 놓아요
어제 여독이 두 손 두 발 다 들어요
반쯤 감겨있던 눈이 별빛을 닮아가요
이불속을 무대 삶아 나도 함께 불러요
당신만을 사랑해요사랑해요 정말 사랑해요
당신을 사랑해요 영원히

---

1) 이탈리아의 테너 가수 이름

시인의 정원

장 예 원

가성비 훌륭한 시인의 소망이 사계를 준비한다
먼저 개나리꽃 울타리를 쳐야지
앞마당에 하얀 목련 한 그루도 심을까
들어오는 입구에는 노랑 하양 수선화를 심자
노랑 빨강 분홍색의 튤립도 심고
앙증맞은 패랭이꽃도 심자
천혜의 남해 바다 풍경이 한눈에 보이는 곳이다
엄숙하고 은밀한 비밀이 들어 있을 것 같은 하늘이 있다
나는 하루에 두 번 얼굴이 붉어지는 바다와 짝을 이룬다
샛바람 소리 길을 지나 동백나무 숲을 지나면
은모래가 날아와 정원에 걸린 시화들을 읽는다
나는 아귀가 딱 맞는 인연을 만나 남은 삶을 추스린다
뽀얀 한 점의 예술과 주거니 받거니 막걸리 두어 잔 한다
동지섣달 긴긴 밤이라고 어이 지루할까
반짝이는 나의 까만 눈망울이 오직 한 곳에 머문다
나는 돛에 그려진 고동치는 붉은 선으로 이끌린다
나는 입체주의 영향을 받은 보양식을 라이브한다
시가 줄줄이 흘러난다
그런 시적 요소들이 사람들의 메마른 가슴과 머리에 전이된다
때론 제한된 채색범위의 화면과 마주치기도 한다
삼겹살의 확장인 뚱뚱한 몸매가 들러날 일을 걱정한다

까만 뿔테 안경 속으로 애정의 잔소리를 쏟아낸다
이상이 실현될 것 같은 원초적 미지의 공간 위에
과잉 없이 절제된 감성심리가 프리뮬라 꽃처럼 핀다
초록 바다에 비치는 햇빛이 눈부시게 찬란하다
옹골진 힘과 상상으로 빚은 시 자체가 주인공이다
시의 중후함이 도식적 스토리라인을 들어낸다
생략과 은유로 여럿의 상관을 섬세하게 연결하고 떨림을 준다
자연이 주는 사랑에서 시적 동경과 미덕을 배운다
감히 근접할 수 없는 고결한 얼굴과 무결점에서 인자의 꿈를 만난다
모두가 느낄 수 있는 아름다운 평안이 화선지 위 먹 번짐 같이 퍼진다
늘 나의 싱그러운 모습의 배경과 장식이 되는 깊은 정이 웃는다
나는 그 옆에 서 있다
세월이 얼마나 지났을까 나의 수채화가 움을 틔운다

내생의 봄이다

물구나무서다

장 예 원

조금 남아 뒤집어 세워놓은 샴푸 병을 들어 머리를 감는다
제멋대로 방향을 틀고 있는 나의 머리칼
"려" 한빛 몸에 치대어 곱게 빨아 말려 사랑별 가슴에 가려 한다
순간 우윳빛 잠 안개가 득달같이 달려든다
눈꺼풀을 깔고 잡아당기고 있다 나는 살고 싶다
잡아당기는 방향대로 숟가락을 놓자마자 덤블링한다
거실에서는 심준 심원 아들 둘이 말싸움을 하고 있다
목욕탕 한편 아르미 거울 아래 뒹구르뒹구르
며칠째 공 구르기 하며 놀고 있는 그녀가 화근이다
그 다비드 로즈마리 민트[2], 형이 써라 동생네가 써라…
살얼음 잠결에 벌레 먹은 가을낙엽 떨어지는 소리 들려온다
동생이 바닥이 들어난 그녀를 물구나무서기를 시킨다
거꾸로 된 세상을 적응하지 못하는 그녀가 자꾸만 눕는다
그녀가 잉태되지 않았던 고사리 시절 나는
양잿물비누로 빨래를 하고 머리를 감았다
사람들 머리 위에 까치집 여럿 지어 이고 다니던 모습이 선하다
하얀 서캐가 엄마 손톱에 의해 체포된다

---

2) 샴푸 이름

아이쿵! 생각만 해도 근질근질 기억 속으로 이가 기어들어온다
토도독 톡톡 서캐 터지는 소리가 웃음을 낳는다

"주인님! 저 며칠 더 물구나무서기 하며 살기로 했어요"
마지막 한 생까지 세상 빛을 보고 가겠다는 굳은 의지가 보인다
그래서 나도 물구나무서기를 해본다
세상이 거꾸로 보인다

구조라의 꿈 외 2편

이 병 모

구름에게 한 입 씹혀 화가 잔뜩 난 달은 어두운 바다 위에 빛으로 내려앉는다
달빛은 애꿎은 바다에게 화풀이하느라 제 흔적 쪼개며 아픈 춤을 춘다
밤바다는 파도를 불러 달빛을 다독거린다
달빛에 비치는 모래는 비단결 같다
발바닥에 와 닿는 촉감은 달달했다
발 맛에 취해 눈으로 모래 한 줌 쥐는 순간
첫사랑 그 가슴이 떠올라 깜짝 놀라며 놓아버린다

엄마 거 말고 생전 처음 만져본 봉그란 가슴
제풀에 놀라 만지다 만 바보는 반백 년 아련하다
뽕이 필요 없는 한참 도톰한 두 방의 가슴
분위기 띄워 찬찬히 황홀했더라면 앙탈하지 않았을 텐데
되돌리지 못하는 그 뽀얀 가슴은 내 눈 안에서 늘 논다
그날 달빛은 유난히 새 차게 불었고 부서진 파도는 하얀 눈이 되었다
그녀가 불어오는 달빛과 부서진 하얀 파도에 취한척하며
가슴을 연 곳은 고운 백사장을 품은 해운대의 밤이었다

바람보다 부지런한 파도는 바다 속으로 산소를 쉼 없이 나르고 있다
연이어 파도가 밀어내는 간 내음은 내 코를 절이고 밤하늘을 간본다
데크 없는 모래 바닥에 친 텐트는 초라하지만
덜 채워진 지퍼 사이로 새어 나오는 불빛은 등대가 되어 파도를 인도한다
파도 소리와 별들의 조잘거림이 한 울림이 되어
화난 달빛 달래고 있는 구조라의 밤이다

한 줌 떨어진 모래는 은하수였다.

모순

이 병 모

인력을 정이라 하고
척력은 증이라 한다
아픔 고통 슬픔은 인연이라 하고
이별 분실 망실은 운명이라 한다
부정을 부정하는 모순
모순이 새순이란 것
철써기 귀뚤이 우는 이 밤에야 본다

진정 그렇게 보여도 그런 사람 없고
진정 그렇게 보아도 그런 것은 없다
일찍이 시인과 독자가 모순이 아닌
하얀 공감을 함께 사유한 적은 없었다
시인은 퇴고하는 참빗질에 스스로 취해 울고
독자는 시인의 시감에 빠지는 모순을 범한다
지남철은 같은 극끼리 밀어내며 척력이 된다
지남철을 돌려 극을 모순되게 하면 인력이 된다
밀지 말고 당기자 인력은 삶이다

외로운 무인 섬 미조도
처얼처얼 슬피 우는 파도소리
거칠게 포효하는 물결에 길 잃은 치어가 뜬다
갈매기가 살생의 기운을 날개에 붙여 하강한다

비릿한 간내음이 나의 간사함을 절이는 중이다
모순이다

잠수 끝내고 막 나온 해녀의 머릿결이 파도소리에 마구 헝클어진다
그녀의 어질러진 머리칼이 맛깔스럽다
모순 아니다

끌

이 병 모

나는 예술가다
그녀는 내 맛을 알기에 살이 찢겨나는 아픔이 있어도 나를 기다린다
나는 그녀의 장엄한 고통을 위해 항상 갈고닦아 예리함을 준비한다
그녀는 언제나 기대하고 있으나 긴장은 늦추지 않는다
연귀 맞춤을 하려고 그녀의 살갗을 파고들 때면
그녀는 자신이 어떻게 변할 것인가를 알고 있다
그러나 스스로 자신을 피우지 못하고 파고드는 나에게 모든 걸 맡긴다
장부 맞춤을 할 때 그녀 속살을 넘나들면서 조금만 떨어도
그녀는 금세 앙탈을 부리고 제멋대로 성깔을 부린다
그녀의 생채기에 꽃모양을 덧새길 때도 서두르면 안 된다
클래식 음악 두 세곡 정도 들을 만한 틈을 주어야 하고
나비처럼 춤을 출 때는 한쪽으로 쏠리지 않도록 힘을 분산할 줄 아는 감각이 있어야 한다
애타게 하는 여자, 그 마음을 비집고 들어가듯 토닥거리고 달래면
꽃은 음양까지 드러내며 마침내 문양을 피워낸다
나는 토슈즈를 신은 발레리나처럼 늘 발끝을 곤두세워 사뿐거릴 준비를 하고 있어야 했다

이제 그 시절은 아픈 추억이 되었다
전국 항만에서는 원목 대신 수입가구가 보세구역의 영역을 넓혀 가고
새로 지은 아파트에는 붙박이장들이 붙박이 되어 있다
DIY 가구가 유행을 내세워 새댁들을 유혹한다
연주하는 장인들은 하나둘 쓸쓸히 무대를 떠나고
나의 때림끌 박이끌 푼끌 쌍장부끌 손끌 모두 토슈즈를 벗은 지 오래다
내 몸은 녹내음이 나고 그녀의 편백나무는 다시 태어나고 있다

나는 끌지도 끓지도 않고 후벼 파지만
내가 잘못 발길을 옮기면 사람들은 혀를 끌끌 찬다

백지 한 장을 넘긴다 외 2편

이 태 순

새벽부터 펑펑 내리는 초겨울의 눈발은 어미 잃고 슬피 우는 만삭 며느리의 눈물이 되어 흐른다

오늘 연화장에서 한 줌의 재가 돼 백자 유골함에 담긴 육십 대 안사돈3)이 못가겠다고 버틴다

“사돈, 내가 잘 할게요 당신의 딸을 내 딸 같이 여기고 살 테니, 모든 근심걱정 이승에 두고 안녕히 가세요”

나는 사라져가는 안사돈의 흰 수의 자락을 붙잡고 말한다

만삭의 무남독녀 딸을 두고 발걸음인들 떨어지랴 안사돈의 희미한 미소가 하늘로 사라진다

모친상에 울어서 붓고 산달이라 푸석한 며느리의 얼굴이 외기러기가 되어 창공을 난다

오뉴월 미국 간 딸 산후조리차 출국 전에 친정 부모님 산소에 들른다

“아버님, 불초 여식 자주 못 들려 죄송합니다”

잡초 우거진 아버지의 무덤 앞에서 무릎 꿇고 앉은 채 팔순의 오빠는 피 토하듯이 절규한다

“아버지, 제가 말씀드린 일들이 틀렸다면 말씀해 주세요 아버지는 저의 진심을 아시잖아요”

---

3) 2017년 12월 8일 오후 7시 30분 62세 안사돈이 암으로 영면하셨다 12월 10일 오늘 새벽에 수원연화장에서 한줌의 재가 되셨다

하늘나라 정자에 둘러앉은 저승의 가족들 수는 이승보다 많다
부모님 오빠들 올케들 언니 형부 교통사고 당한 20대 조카.
내가 막내라서 이승엔 나와 막내 오빠뿐이다
우리는 이승과 저승 경계를 허문다
텔레파시로 소리 없는 말을 주고받는다

치유의 눈이 내린다
상처받은 모든 사람들의 등을 쓰담쓰담 어루만지며 소리 없이 감싼다
육신의 상처나 비수 같은 독설에서 멍든 그들을 누이처럼 보듬는다
죽고 산다는 것은 한 페이지 넘기는 것이다
저 멀리서 나보다 젊은 엄마가 웃고 계시네

2018년 12월 10일 오늘
납골당에 유모차를 타고 온 손녀의 목소리가 벽을 치고 까르르 메아리로 울린다
다음 달이면 순산하는 무남독녀 외동딸이 얼마나 가슴에 맺힐까
이승과 저승의 백지 한 장을 넘긴다

험천 주막거리, 머내 이야기

이 태 순

수지구 동천동 국도 옆에 머내 버스정류장
백 년 전의 험천險川[4] 주막거리 이 동네에 내가 산다
광교산을 끼고 고기리 유원지가 있다
300여 년 전 1936년 병자호란 때
충청감사 정세규가 8,000명의 군사를 이끌고 남한산성에 파천한 인조 왕을 구하려다
전술 부족으로 험천에서 대패해 전멸했다
3.1 만세 운동 당시에 3.29, 고기리 첫 집결지로 시작해서 산 아래로 주민 백여 명이
태극기를 들고 만세를 부르며 험천 주막거리까지 내려왔다가 일본군에게 모두 붙잡혔다
100명 모두 90대의 태형을 맞고 주모자 이덕형은 형부소에 1년 6개월 갇혔다
고기리 동막천에서 시작되는 수로는 험천 주막거리까지 이어지고
논농사를 짓는 생명의 물줄기로 현재의 머내 옆 탄천까지 이어진다
2015년 재작년까지 수로가 있어 논에 개구리 소리도 났는데
신축 아파트 빌딩이 들어서서 이제는 수로가 없어졌다.

---

4) 험천 : 머흘(험하다) 險(험), 내 川(천) 자이다. 조선왕조실록에 험천을 검색하면 이 지명이 나온다.

고기리 골짜기 손골 성지는 1866년 병인박해 시
프랑스인 도리 헨리코 신부가 천주교를 선교하기 위해 숨어서 사시다가 발각돼
새남터에서 27세 젊은 나이에 효수형을 당했다
1966년 성인 도리 신부님 순교 백년 후에 우리나라를 방문한 교황 요한 바오로 2세로부터
시성을 받아 손골에 성당이 생기고 손골 성지가 된 것이다
병자호란에 죽은 팔천 명의 혼령들, 삼일운동 정신, 성인 도리신부, 생명의 수로가 흘러내려온
광교산 고기리 아래 머내, 험천 주막거리 정류장에는 오늘도 버스를 기다리는 사람들로 분주하다
그 얼굴 어디선가 옛 선조들의 혈맥이 힘차게 뛰고 있다

최면에 걸리다

이 태 순

중학 시절 시험 기간에 나는 늘 밤샘공부를 했다
간식거리가 귀한 시절 생쌀을 씹으며 잠을 쫓다가
어느새 밥상에 코 박고 침을 흘리며 잠이 든다
밤새도록 시험공부를 한다
영어도 수학도 물리도 생물도 공부한다
새벽에 후다닥 눈을 떠니 꿈속에서 공부를 다한 것이다

요즘은 누워서 책을 읽는다
책을 보자마자 최면에 걸린다
돌아가신 엄마 아빠가 큰오빠 작은오빠 언니 교통사고로 먼저 간 조카…
모두 경치 좋은 정자에 말없이 화목하게 둘러앉아 있다
말은 하지 않아도 서로의 마음이 영적으로 소통되어 대화를 주고받는다

나는 그림처럼 그들을 보고 그 마음을 읽는다
나보다 젊은 엄마는 어린 나에게 맛있는 음식을 가득 챙겨준다
엄마가 말 하지 않아도 나는 안다
많이 먹어라 내 딸아

나는 하늘로 올라가서 구름 위를 산책해 본다
영국 버킹엄 궁전도 거닐어 보고 황금마차를 타고
프랑스 파리 루브르 박물관의 명화도 둘러보고
이탈리아 로마 박물관으로 날아가 본다
캄보디아 앙코르 와트 천국의 계단도 날아오른다
갑자기 벽 속에 갇힌 무희들이 나와서 환상적인 춤을 춘다
전생의 나는 여왕이었을까

국립중앙도서관 출판예정도서목록(CIP)

이 도서의 국립중앙도서관 출판예정도서목록(CIP)은 서지정보유통지원시스템 홈페이지(http://seoji.nl.go.kr)와 국가자료공동목록시스템(http://www.nl.go.kr/kolisnet)에서 이용하실 수 있습니다. (CIP제어번호 : CIP2018006048)

고려대학교 평생교육원 시창작과정
2017년 2학기 엔솔로지

틈새에 둥지 튼 새

초판인쇄일 2018년 02월 22일
초판발행일 2018년 02월 28일

지은이 : 고려대학교평생교육원 시창작과정
발행인 : 김순진
편집장 : 전하라
디자인 : 김초롱
펴낸곳 : 문학공원
등 록 : 2004년 3월 9일 제6-706호
주 소 : 우편번호 03382 서울 은평구 통일로 633
녹번오피스텔 501호 스토리문학사
전 화 : 02-2234-1666
팩 스 : 02-2236-1666
홈페이지 : http://cafe.daum.net/yob51
이메일 : 4615562@hanmail.net